SELECCIÓN CULINARIA

GOFRES Y CREPES

AF702535

BLUME

Contenido

Gofres y crepes perfectos

Los gofres y las crepes son una solución deliciosa para cualquier comida, ya sea en el desayuno, la comida o la cena. Esta breve guía de preparación y elaboración le permitirá realizar una comida muy completa o un plato dulce especial con resultados sorprendentes.

CÓMO HACER LA MASA

En la elaboración de gofres y crepes es fundamental conseguir una buena masa. Obtendrá siempre unos resultados excelentes si sigue este sencillo procedimiento.

Tamice los ingredientes sólidos (harinas, especias, azúcar o levaduras) en un cuenco y mézclelos. Deje un hueco en el centro con una cuchara de madera y añada la mezcla de huevo y leche u otros líquidos (suele llevar mantequilla derretida, zumo de frutas o esencia) y los condimentos (cáscara de frutas, chocolate y frutos secos), gradualmente o de una vez, en función de las instrucciones de la receta.

Utilice un batidor o una cuchara de madera para mezclar los ingredientes líquidos con los sólidos, incorporándolos lentamente desde el hueco que ha dejado. Es importante no mezclar en exceso la masa porque podría quedar dura y correosa. La masa puede hacerse también en un robot de cocina. Bátala en intervalos discontinuos cortos para no mezclar en exceso.

Para las masas de crepes, incorpore los ingredientes líquidos a los sólidos gradualmente mientras bate hasta que la masa sea homogénea. A continuación, puede dejar que la masa repose hasta 2 horas. De este modo, las partículas de la harina se expanden en el líquido y las crepes quedan más suaves y tiernas. La consistencia de la masa de crepes debe ser siempre poco espesa. Una crepe tradicional tiene siempre los bordes ondulados y ha de ser fina como el papel.

Con una cuchara, deje un hueco en el centro de los ingredientes sólidos.

Vierta los ingredientes líquidos en el hueco y mézclelos suavemente con los sólidos.

Las crepes deben ser finas como el papel y tener los bordes ligeramente ondulados.

Las masas de gofres deben ser bastante espesas para poder extenderlas uniformemente en la sartén para gofres precalentada sin que se salgan por los bordes. La masa puede prepararse sola o con condimentos.

SARTENES

Las sartenes más caras y llamativas no son siempre las mejores. Si sólo hace crepes de vez en cuando y no quiere gastarse un dineral en una sartén para crepes, una normal pequeña es una buena alternativa económica. Los aparatos eléctricos para crepes también funcionan muy bien.

Las parrillas para gofres se venden en varios tamaños y modelos. Algunas sandwicheras antiguas presentan planchas intercambiables para gofres y para sándwich. La mayoría de las sartenes para gofres disponibles en los comercios hoy en día son eléctricas.

Una sartén antiadherente es un buen sustituto de una sartén para crepes.

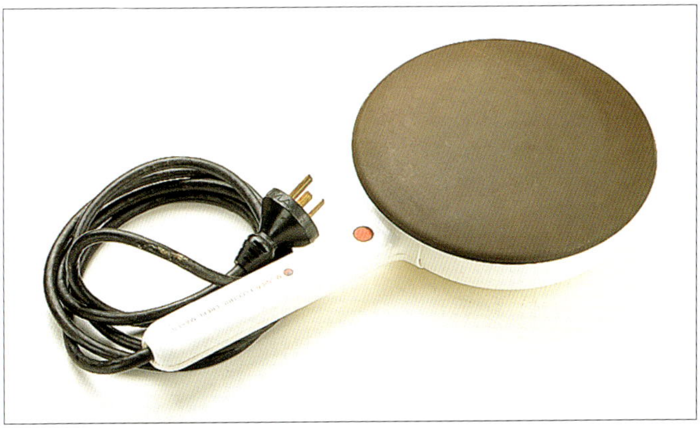

También puede conseguir crepes excelentes con un aparato eléctrico para crepes.

CURADO DE LA SARTÉN

Esta técnica se utiliza para preparar la sartén para hacer las crepes y, normalmen-

Retire la sal y engrase la base con un poco de mantequilla envuelta en papel de cocina.

Prepare la sartén calentando un poco de sal y restregándola por la base.

te, sólo es necesaria para las sartenes de hierro fundido y algunas de acero inoxidable.

Caliente un poco de sal en la sartén y restriéguela por el fondo con papel de cocina. La sal empezará a decolorarse. Tire la sal y repita el proceso tres veces. Después limpie la sartén con un paño. A continuación, engrásela ligeramente con un poco de mantequilla envuelta en papel de cocina para evitar que quede demasiado engrasada, y ya está lista para utilizarla. Este proceso deja una superficie suave para hacer las crepes y evitar que se peguen.

ELABORACIÓN

Las masas para crepes deben poder verterse fácilmente; en caso contrario, debe añadir un poco más de leche. Caliente y engrase ligeramente la sartén que vaya a utilizar. Vierta un poco de masa en la sartén caliente y distribúyala hasta que la base de la sartén quede cubierta por una capa fina. Retire rápidamente el sobrante y vuelva a echarlo en la jarra antes de poner la sartén en el fuego. Cueza durante 1 minuto o hasta que los bordes empiecen a ondularse un poco. Utilice una espátula para separar los lados, déle la vuelta y cueza el otro lado durante 1 minuto. Las dos primeras crepes a veces se pegan y debe alargar la masa con un poco de leche o agua si ve que es demasiado espesa. Cuando la crepe se haya hecho por ambos lados, retírela a un plato y tápela con un paño de cocina para que no se quede seca.

Para elaborar los gofres, precaliente la sartén para gofres y unte la parrilla caliente con un poco de mantequilla derretida o aceite. Vierta la cantidad de masa necesaria en el centro de la parrilla. Si la masa es espesa, extiéndala rápidamente con una cuchara hasta el borde de la parrilla. Cierre la tapa y cueza el tiempo especificado o hasta que los gofres estén dorados y ligeramente crujientes. La cantidad de masa necesaria para cada gofre puede variar algo en función de la sartén utilizada. Las proporciones pueden cambiar dependiendo de la marca.

Si empiezan a formarse burbujas en la superficie de la tortita, déle la vuelta con una espátula.

Cuando la crepe está hecha, los bordes se ondulan ligeramente.

Si la masa del gofre es espesa, extiéndala por toda la plancha con la ayuda de una cuchara.

CONSERVACIÓN

Es mejor comer los gofres y las crepes el mismo día en que se elaboran.

Los panqueques y las tortitas pueden elaborarse, enfriarse y almacenarse en envases al vacío, en el frigorífico o en un lugar seco y fresco hasta 2 días. Pueden volverse a calentar sin problema en el microondas a potencia máxima (100 %) entre 30 segundos y 1 minuto antes de servir.

Las crepes también pueden hacerse antes y conservarse apiladas con papel sulfurizado o film transparente entre cada una. Puede guardarlas en envases al vacío o en bolsas de plástico en el frigorífico durante 1 semana o en el congelador durante 4 semanas. Descongélelas antes de usarlas.

Los gofres hechos pueden enfriarse y guardarse en bolsas de plástico herméticas en el congelador hasta 4 semanas. Antes de utilizarlos de nuevo, deje que se descongelen un poco y después vuelva a calentarlos en una tostadora, una parrilla precalentada o en el horno a temperatura moderada durante 10 o 15 minutos antes de servirlos. Si utiliza el horno, cúbralos un poco con papel de aluminio para que no se sequen.

Crepes de azúcar, limón y nata

TIEMPO DE PREPARACIÓN: 20 minutos
+ 30 minutos de reposo
TIEMPO DE COCCIÓN: 20-25 minutos
Para unas 14 crepes

125 g de harina
1 huevo
300 ml de leche
30 g de mantequilla
azúcar, limones y cuajada

1 Tamice la harina con una pizca de sal en un cuenco grande y deje un hueco en el centro. Incorpore gradualmente la mezcla de huevo y leche mientras continúa batiendo hasta conseguir una masa homogénea y sin grumos. Tápela y déjela reposar durante 30 minutos.

2 Pase la masa a una jarra para que sea más fácil echarla. Caliente una sartén para crepes o una sartén antiadherente pequeña. Ponga la mantequilla en 2 o 3 trozos de papel de cocina y arrúguelos hasta formar un paquetito. Utilícelos para engrasar ligeramente la sartén (de este modo se evita que la sartén quede demasiado engrasada).

3 Vierta un poco de masa en la sartén y distribúyala hasta cubrir la base con una capa fina. Retire el exceso de masa. Si es necesario, eche 2 o 3 cucharaditas de leche para aclarar la masa. Déjela cocer unos 20 segundos o hasta que los bordes empiecen a ondularse. Déle la vuelta y dore un poco el otro lado. Retírela a un plato y manténgala caliente mientras hace el resto de la masa. Engrase la sartén siempre que sea necesario.

4 Espolvoree las crepes con azúcar y rocíe con un poco de zumo de limón. Dóblelas en 4 trozos. Coloque 2 o 3 crepes en cada plato y adórnelas con una cucharada de cuajada.

Tamice la harina y la sal en un cuenco grande para contener la masa.

Vierta la mezcla de huevo en el hueco de los ingredientes sólidos y bátalo.

Deje cocer la crepe unos 20 segundos o hasta que los bordes se ondulen.

Crepes de plátano con salsa de caramelo

TIEMPO DE PREPARACIÓN: 30 minutos
+ 30 minutos de reposo
TIEMPO DE COCCIÓN: 45 minutos
Para unas 16 crepes

125 g de harina
1 huevo y 1 yema de huevo
375 ml de suero de leche
60 g de mantequilla
115 g de azúcar moreno blando en bloque
125 ml de leche condensada
2 cucharadas de caramelo líquido
250 ml de leche caliente
75 g de pasas de Corinto
1 cucharada de ron o brandy
70 g de avellanas
4 plátanos

1 Mezcle la harina, el huevo y la yema, y la mitad del suero de leche en el robot 10 segundos. Añada el resto del suero y 30 g de mantequilla derretida y bata hasta conseguir una mezcla homogénea. Échela en una jarra, tápela y deje que repose 30 minutos. Caliente una sartén pequeña para crepes y engrásela ligeramente con mantequilla derretida. Vierta 60 ml de masa en la sartén y distribúyala rápidamente hasta cubrir la base con una capa fina. Déjela cocer 30 segundos y déle la vuelta para que se haga del otro lado hasta que esté un poco dorada. Retírela y tápela.

2 Ponga el azúcar moreno, la leche condensada, el caramelo líquido y el resto de la mantequilla en un cazo pequeño a fuego lento y remueva hasta que el azúcar se haya disuelto. Deje hervir a fuego lento 2 minutos y retire del fuego. Incorpore la leche caliente a cucharaditas. Vuelva a poner al fuego y deje cocer a fuego lento durante 1 minuto. Tape y deje reposar.

3 Mezcle las pasas con el ron o el brandy. Tueste las avellanas bajo el grill. Después, frótelas con un paño para quitarles la piel y píquelas.

4 Precaliente el horno a 160 °C. Corte los plátanos en rodajas finas y distribúyalos en un cuarto de cada crepe. Esparza las pasas y ponga un poco de salsa. Doble las crepes en 4 y colóquelas de 4 en 4 en platos refractarios. Tápelas con papel de aluminio y hornee de 10 a 15 minutos o hasta que estén calientes. Decore con más salsa y esparza las avellanas.

Mueva la sartén hasta cubrir la base con una capa fina.

Bata la leche caliente sobre la salsa, una cucharadita a la vez.

Milhojas de manzana y almendrados con salsa de caramelo

TIEMPO DE PREPARACIÓN: 40 minutos
+ 30 de reposo
TIEMPO DE COCCIÓN: 1 hora
Para 4-6 personas

125 g de harina
2 huevos
250 ml de leche
1 ½ cucharadas de mantequilla derretida
1 cucharada de licor de almendras (opcional)
125 g de almendrados
5 manzanas verdes, peladas, sin corazón
185 g de mantequilla
185 g de azúcar moreno blando
175 g de jarabe de melaza
125 g de crema de leche espesa
185 g de crema agria

1 Mezcle la harina, los huevos y la mitad de la leche en el robot 10 segundos. Añada la leche restante, la mantequilla derretida y el licor y mézclelo todo hasta conseguir una masa homogénea. Échela en una jarra, tápela y déjela reposar 30 minutos. Caliente una sartén pequeña para crepes y úntela con mantequilla derretida. Vierta un poco de masa y distribúyala con rapidez hasta cubrir la base. Déjela cocer 30 segundos y déle la vuelta para que se haga del otro lado hasta que esté dorada. Retírela; repita la operación con el resto de la masa hasta hacer 10 crepes.

2 Precaliente el horno a 180 °C. Pique los almendrados en el robot. Póngalos en una fuente para el horno y cuézalos de 5 a 8 minutos, dándoles la vuelta de vez en cuando, hasta que queden crujientes. Corte las manzanas en rodajas muy finas y mézclelas en un cuenco con 60 g de mantequilla derretida y la mitad del azúcar moreno. Distribuya uniformemente la mezcla en una placa y póngala bajo el grill 5 minutos. Déles la vuelta y gratine hasta que estén ligeramente doradas.

3 Ponga una crepe en una fuente grande refractaria. Distribuya uniformemente un poco de la mezcla de manzana, poniendo un poco más en el centro. Esparza los almendrados picados. Siga colocando capas. Cubra con papel de aluminio y hornee 10 minutos.

Cubra las crepes con las manzanas y los almendrados.

Mezcle el azúcar moreno, la melaza, la crema y la mantequilla.

4 Ponga el azúcar moreno y la mantequilla restantes, la melaza y la crema en un cazo. Remueva a fuego lento hasta que el azúcar se haya disuelto y cueza 1 minuto. Unte la crepe superior con crema agria. Vierta un poco de salsa caliente y corte en forma de cuña antes de servir.

Crepes de praliné de avellana con salsa de chocolate

TIEMPO DE PREPARACIÓN: 1 hora + 30 minutos de reposo

TIEMPO DE COCCIÓN: 45 minutos

Para unas 10 crepes

100 g de avellanas
90 g de azúcar blanquilla, más 2 cucharadas
90 g de mantequilla a temperatura ambiente
125 g de harina
1 huevo y 1 yema
315 ml de leche
50 g de mantequilla
125 g de chocolate negro picado
2 cucharadas de azúcar lustre tamizado
125 g de crema agria
2 cucharadas de Kahlua o Tía María

1 Tueste las avellanas bajo el grill a baja temperatura. Frótelas con un paño para pelarlas. Pique una tercera parte. Ponga las avellanas restantes en una placa para el horno engrasada. Ponga 90 g de azúcar y 2 cucharadas de agua en un cazo. Remueva a fuego lento, sin que rompa a hervir, hasta que el azúcar se haya disuelto, y déjelo cocer a fuego lento sin remover durante 5 minutos, o hasta que esté dorado. Échelo rápidamente sobre las avellanas enteras y deje que se endurezca. Tritúrelo bien con un robot de cocina hasta conseguir un praliné.

Incorpore el azúcar lustre, la crema agria y el licor a la mezcla de chocolate.

2 Bata, con la batidora, la mantequilla con el resto del azúcar hasta conseguir una textura cremosa. Mézclela con dos terceras partes del praliné y deje que se enfríe.

3 Mezcle la harina, el huevo y la yema y la mitad de la leche en el robot de cocina 10 segundos. Añada la leche restante y 20 g de mantequilla derretida y bátalo hasta que la masa esté homogénea. Échela en una jarra, tápela y déjela reposar 30 minutos. Caliente una sartén de crepes mediana y úntela con mantequilla derretida. Vierta 60 ml de masa y cubra la base. Deje cocer 30 segundos; déle la vuelta y deje cocer el otro lado. Retírela y repita la operación con el resto de la masa.

4 Ponga el chocolate y la mantequilla restante en un cuenco refractario y caliéntelo al baño maría. Cuando esté derretido, incorpore el azúcar lustre, la crema agria y el licor. Remueva a fondo.

5 Precaliente el horno a 160 °C. Con una cuchara, extienda un poco de la crema de praliné en cada crepe. Dóblelas formando rollitos y colóquelas en una placa engrasada en una sola capa. Hornéelas 10 minutos. Adórnelas con las avellanas picadas y el resto del praliné. Sírvalas con la salsa de chocolate caliente y helado.

Compota de frutas con lazos de crepe crujientes

TIEMPO DE PREPARACIÓN: 30 minutos
TIEMPO DE COCCIÓN: 45 minutos
Para 6 personas

Para la compota de frutas secas:
375 g de de frutas secas variadas
125 g de higos secos troceados
60 g de pasas
315 ml de vino de postre dulce
1 hoja de laurel
1 trozo de canela
1 anís estrellado

175 g de harina de arroz
2 cucharadas de azúcar blanquilla
1 huevo
1 cucharadita de esencia de vainilla
1 cucharada de ralladura de naranja
375 ml de leche
aceite abundante para freír
azúcar lustre para espolvorear

1 Para la compota de frutas secas: ponga los ingredientes en un cazo. Deje hervir, baje el fuego y cueza a fuego lento 15 minutos, o hasta que la fruta se hinche. Quite las especias y la hoja de laurel.

2 Tamice la harina y el azúcar en un cuenco y deje un hueco en el centro. Bata los huevos, la esencia de vainilla, la ralladura de naranja y la leche y vierta la mezcla gradualmente, mientras bate hasta conseguir una masa homogénea. Caliente una sartén para crepes y engrásela ligeramente con mantequilla derretida. Vierta 60 ml de masa y cubra la base con una capa fina. Deje cocer a temperatura media 1 minuto o hasta que esté dorada por debajo. Déle la vuelta y déjela cocer 1 minuto más. Retírela y tápela mientras hace el resto de la masa.

3 Corte cada crepe en tiras de 2 cm de anchura con un cortapastas. Haga un nudo con cada tira. Fría las tiras por tandas en aceite hasta que estén crujientes y doradas. Espolvoréelas con azúcar lustre y sírvalas con la compota.

Retire la canela, el anís estrellado y la hoja de laurel.

Deje un hueco en el centro y vierta el líquido mientras bate.

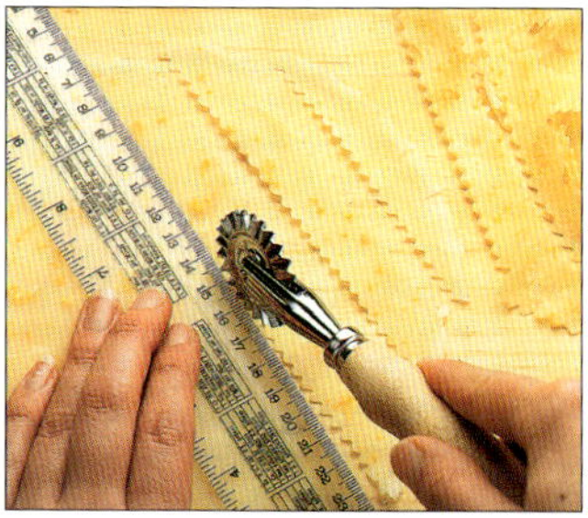

Con un cortapastas, corte las crepes en tiras de 2 cm.

Crepes de coco con almíbar de azúcar de palma

TIEMPO DE PREPARACIÓN: 40 minutos + 1 hora de reposo
TIEMPO DE COCCIÓN: 45 minutos
Para unas 12 crepes

Para el relleno de coco rallado:
185 g de azúcar de palma troceado
375 ml de agua
120 g de coco rallado
125 ml de crema de coco

125 g de harina
1 huevo
250 ml de crema de coco
125 ml de agua
trozos de mango o piña para servir

1 Para el relleno de coco rallado: ponga el azúcar y el agua en un cazo de fondo grueso. Remueva a fuego lento hasta que el azúcar se haya disuelto y déjelo cocer 15 minutos hasta conseguir un almíbar. Ponga el coco en un cuenco con 170 ml del almíbar y la crema de coco, y remueva hasta que se mezclen. Vuelva a poner al fuego el cazo con el almíbar de azúcar de palma restante y deje cocer a fuego lento 15 minutos, o hasta que obtenga un caramelo espeso de textura pegajosa.

2 Mezcle la harina, el huevo, la crema de coco y el agua en el robot 10 segundos o hasta conseguir una masa homogénea. Pase la mezcla a una jarra, tápela y déjela reposar 1 hora.

3 Caliente una sartén para crepes pequeña y engrásela ligeramente con mantequilla derretida. Vierta la cantidad suficiente de masa para cubrir la base y distribúyala; retire el exceso. Deje cocer 30 segundos, déle la vuelta y cueza el otro lado. Retírela y tápela con un paño mientras prepara el resto.

4 Ponga una cucharada del relleno de coco en el centro de cada crepe. Enróllelas bien doblando las esquinas para formar paquetitos. Sírvalas con rodajas de piña o mango y rocíelas con el almíbar de azúcar.

Mezcle la crema de coco y el almíbar de azúcar de palma con el coco.

Bata la harina, el huevo, la crema de coco y el agua.

Enrolle bien las crepes rellenas, procurando doblar las esquinas.

Crepes de mantequilla de naranja y almendra

TIEMPO DE PREPARACIÓN: 30 minutos
+ 30 minutos de reposo
TIEMPO DE COCCIÓN: 30 minutos
Para 12 crepes

90 g de harina
1 huevo y 1 yema de huevo
250 ml de leche
30 g de mantequilla derretida
1 cucharada de Grand Marnier o Cointreau (opcional)
azúcar lustre para servir

Para la mantequilla de naranja y almendra:
100 g de mantequilla
2 cucharadas de azúcar blanquilla
95 g de almendra molida
unas gotas de esencia de almendra
1 cucharada de ralladura de naranja
2 cucharadas de zumo de naranja
2 cucharadas de Grand Marnier o Cointreau

1 Mezcle la harina, el huevo, la yema y la mitad de la leche en el robot 10 segundos. Añada la leche restante, la mantequilla y el licor y bátalo todo hasta que quede una masa homogénea. Échela en una jarra, tápela y déjela reposar 30 minutos.

2 Caliente una sartén para crepes o antiadherente pequeña y úntela ligeramente con mantequilla derretida. Vierta 60 ml de masa en la sartén y distribúyala hasta cubrir la base formando una capa fina (añada un poco de leche si la masa está demasiado espesa). Deje cocer 30 segundos. Déle la vuelta y deje que cueza 20 segundos. Pásela a un plato y tápela con un paño mientras hace el resto. (Las crepes pueden reservarse varias horas y rellenarse justo antes de hornearlas.)

3 Para la mantequilla de naranja y almendra: bata la mantequilla con la batidora hasta que quede cremosa. Añada gradualmente el azúcar y la almendra picada. Incorpore la esencia, la ralladura de naranja, el zumo y el licor y bátalo todo.

Añada la leche restante, la mantequilla derretida y el licor a la masa.

Bata la esencia, la ralladura, el zumo y el licor en la mantequilla de almendra.

4 Precaliente el horno a 180 °C. Unte cada crepe con una cucharada de mantequilla de naranja y almendra. Dóblelas en 4. Ponga las crepes unas sobre otras en una fuente refractaria y espolvoree con azúcar lustre. Hornee de 10 a 15 minutos o hasta que estén bien calientes. Sírvalas con helado.

Crepes de ricotta

TIEMPO DE PREPARACIÓN: 30 minutos + 1 hora de reposo
TIEMPO DE COCCIÓN: 30-40 minutos
Para unas 14 crepes

125 g de harina
2 huevos
315 ml de leche
30 g de mantequilla derretida

Para el relleno de ricotta:
60 g de pasas
1 cucharada de Grand Marnier o Cointreau
375 g de queso ricotta fresco
2 yemas de huevo
90 g de azúcar blanquilla
1 cucharada de ralladura de limón
2 cucharadas de zumo de limón
20 g de mantequilla derretida
azúcar lustre para espolvorear

1 Ponga la harina, los huevos y la mitad de la leche en el robot y mézclelos 10 segundos. Añada la leche restante y la mantequilla y bata hasta que la masa esté homogénea. Échela en una jarra; tápela y déjela reposar 30 minutos.

2 Caliente una sartén mediana para crepes; engrásela con mantequilla derretida. Vierta la cantidad suficiente de masa para cubrir la base y distribúyala rápidamente (añada un poco de leche si está demasiado espesa). Retire el exceso. Cueza 30 segundos, déle la vuelta y cueza el otro lado. Retírela y siga con el resto de la masa.

3 Para el relleno de ricotta: ponga las pasas en un cuenco y mézclelas con el licor; déjelas reposar 30 minutos. Bata el queso, las yemas, el azúcar y la ralladura y el zumo de limón de 1 a 2 minutos. Añada las pasas y el licor y remueva.

4 Precaliente el horno a 160 °C. Ponga una cucharada colmada de relleno en el centro de cada crepe y dóblelas formando paquetitos. Coloque las crepes rellenas con el doblez hacia abajo en una placa para el horno engrasada. Pincele las crepes con mantequilla. Cúbralas con papel de aluminio y hornéelas de 10 a 15 minutos. Espolvoréelas con azúcar lustre.

Bata el queso, las yemas, el azúcar, la ralladura y el zumo de limón.

Ponga una cucharada colmada de relleno de ricotta en cada crepe.

Coloque las crepes en una placa y pincele con mantequilla.

Crepes de licor de naranja

TIEMPO DE PREPARACIÓN: 30 minutos
+ 30 minutos de reposo
TIEMPO DE COCCIÓN: 30-40 minutos
Para 12-14 crepes

125 g de harina
1 cucharada de azúcar
125 ml de leche
125 ml de agua
2 yemas de huevo
60 ml de ron o brandy
60 g de mantequilla derretida

Para la mantequilla de naranja:
200 g de mantequilla ablandada
2 cucharadas de ralladura de naranja muy fina
90 g de azúcar
2 cucharadas de azúcar lustre
125 ml de zumo de naranja
60 ml de Grand Marnier

1 Bata la harina, el azúcar, la leche, el agua, las yemas de huevo, el ron o brandy y la mantequilla en el robot o la batidora hasta que la masa esté homogénea y no tenga grumos. Échela en una jarra y tápela. Déjela reposar 30 minutos.

2 Para la mantequilla de naranja: bata la mantequilla en el robot de cocina hasta que quede cremosa. Añada la ralladura de naranja, los azúcares y bátalo para mezclarlo todo. Con el robot en funcionamiento, vaya añadiendo la mezcla de zumo de naranja y Grand Marnier, media cucharadita cada vez, y deje que se mezcle después de añadir cada cucharadita.

3 Caliente una sartén pequeña para crepes y engrásela ligeramente con mantequilla derretida. Vierta un poco de la masa y distribúyala hasta que cubra la base de la sartén formando una capa fina. Déjela cocer 20 segundos o hasta que los bordes empiecen a ondularse. Déle la vuelta y dore el otro lado. Retírela y prepare el resto de las crepes.

4 Ponga la mantequilla de naranja en una sartén grande y caliéntela hasta que esté espumosa. Rápidamente, con la ayuda de unas pinzas, coja cada crepe y pase ambos lados por la mantequilla, cuartéelas y sírvalas.

Ponga todos los ingredientes de la masa en el robot de cocina.

Añada gradualmente media cucharadita de zumo y licor.

Con unas pinzas, pase las crepes por la mantequilla y cuartéelas.

Crepes de mascarpone de almendras con frutas de verano

TIEMPO DE PREPARACIÓN: 40 minutos
+ 30 minutos de reposo
TIEMPO DE COCCIÓN: 35 minutos
Para unas 12 crepes

Para el mascarpone de almendras:
60 g de almendras fileteadas
125 g de azúcar blanquilla de grano fino
500 g de mascarpone

250 g de fresas frescas, peladas y fileteadas
1 cucharada de Grand Marnier o Cointreau
1 cucharada de azúcar blanquilla
125 g de harina
2 huevos
125 ml de leche
30 g de mantequilla derretida
4 kiwis cortados en rodajas finas
200 g de frambuesas frescas
250 g de arándanos frescos

1 Para el mascarpone de almendras: tueste las almendras bajo el grill a baja temperatura hasta que estén un poco doradas; colóquelas en una placa para el horno engrasada. Ponga el azúcar blanquilla en un cazo de fondo grueso con 125 ml de agua, y colóquelo al fuego, sin que llegue a hervir, mientras remueve hasta que el azúcar se haya disuelto. Hierva, baje el fuego y deje cocer a fuego lento sin remover durante15 minutos o hasta conseguir un líquido dorado oscuro. Viértalo rápidamente sobre las almendras y deje que se adhieran. Tritúrelas bien en el robot de cocina y páselas a un cuenco. Eche el mascarpone, mezcle, tape y póngalo en el frigorífico.

2 Ponga las fresas en un cuenco grande y rocíelas con el licor y el azúcar blanquilla. Póngalas en el frigorífico.

3 Mezcle la harina, los huevos y la leche en el robot 10 segundos. Añada 125 ml de agua y la mantequilla y bata hasta obtener una masa homogénea. Échela en una jarra; déjela reposar 30 minutos. Caliente una sartén para crepes o antiadherente pequeña y engrásela un poco con mantequilla derretida. Vierta 60 ml de la masa en la sartén y distribúyala hasta cubrir la base con una capa fina. Déjela cocer 30 segundos; déle la vuelta y deje cocer el otro lado hasta que esté ligeramente dorada. Retírela a un plato y tápela mientras cuece el resto de la masa. Unte cada crepe con el mascarpone de almendras y dóblelas en 4. Sírvalas con las fresas maceradas y el resto de la fruta.

Triture en el robot la mezcla de almendras.

Añada agua y mantequilla derretida a la mezcla de harina, huevos y leche.

Crepes de coco con higos al licor

TIEMPO DE PREPARACIÓN: 30 minutos
TIEMPO DE COCCIÓN: 30 minutos
Para 4 personas

Para los higos al licor:
375 g de higos secos
1 cucharada de azúcar moreno
250 ml de zumo de naranja
60 ml de brandy
1 hoja de laurel
3 clavos
1 trozo de canela

Para la crema de mascarpone:
150 g de mascarpone
2 cucharadas de azúcar moreno
1 cucharada de crema de leche espesa

60 g de harina
2 huevos
1 cucharadita de licor de coco
2 cucharaditas de aceite
185 ml de leche
60 g de coco rallado tostado

1 Para los higos al licor: ponga los higos, el azúcar, el zumo de naranja, el brandy, la hoja de laurel, los clavos y la canela en un cazo. Deje cocer a fuego lento 20 minutos o hasta que los higos se hinchen.

2 Para la crema de mascarpone: mezcle poco a poco el mascarpone, el azúcar y la crema de leche.

3 Tamice la harina y una pizca de sal en un cuenco y deje un hueco en el centro. Bata los huevos, el licor, el aceite y la leche en una jarra y vierta la mezcla en el hueco mientras bate. Incorpore el coco.

4 Caliente una sartén para crepes y engrásela con mantequilla derretida o aceite. Vierta 60 ml de masa en la sartén y extiéndala con una cuchara. Déjela cocer a fuego medio 1 minuto o hasta que se haya dorado; déle la vuelta y cueza el otro lado. Pásela a un plato y tápela con un paño mientras prepara el resto.

5 Ponga unos higos escurridos en el centro de cada crepe. Doble las crepes hacia arriba alrededor de los higos formando saquitos y átelos con un cordel. Espolvoréelos con azúcar lustre y sírvalos con la crema de mascarpone.

Cueza a fuego lento hasta que los higos se hinchen y el líquido se consuma.

Mezcle el mascarpone, el azúcar moreno y la crema.

Bata los ingredientes sólidos con los líquidos.

Crepes de semillas de amapola rellenas de marisco

TIEMPO DE PREPARACIÓN: 50 minutos + 30 minutos de reposo
TIEMPO DE COCCIÓN: 30 minutos
Para 8 personas

125 g de harina
1 huevo y 1 yema de huevo
250 ml de leche
20 g de mantequilla derretida
1 cucharada de semillas de amapola

Para el relleno de marisco:
250 ml de vino blanco
125 ml de caldo de pescado o de agua
200 g de vieiras pequeñas
400 g de gambas crudas, peladas, sin el intestino, partidas por la mitad
200 g de filetes de pescado blanco sin espinas
60 g de mantequilla
3 cebollas tiernas cortadas
2 lonchas de beicon cortadas
30 g de harina
185 ml de crema de leche
1 cucharadita de zumo de limón
15 g de perejil fresco cortado
2 cucharadas de cebollinos cortados

1 Mezcle la harina, el huevo, la yema y la mitad de la leche en el robot de cocina 10 segundos. Añada la leche restante, la mantequilla y las semillas de amapola y bata hasta que la mezcla esté homogénea. Échela en una jarra, tápela y déjela reposar. Caliente una sartén para crepes y engrásela con mantequilla derretida. Vierta la masa suficiente para cubrir el fondo con una capa fina y eche la cantidad sobrante de nuevo a la jarra. Déjela cocer 30 segundos; déle la vuelta y cueza hasta que esté ligeramente dorada. Retírela y tápela mientras cuece el resto de la masa.

2 Para el relleno de marisco: caliente el vino y el caldo o agua en un cazo hasta que hierva. Incorpore el marisco y cueza 4 minutos. Escúrralo y reserve el líquido. Desmenuce el pescado. Derrita la mantequilla en un cazo, incorpore la cebolla y el beicon y remueva de 2 a 3 minutos, o hasta que esté cocido. Añada la harina y remueva 1 minuto. Vierta 250 ml del caldo reservado y remueva 2 minutos o hasta que se haya espesado. Incorpore la crema, el zumo de limón, un poco de pimienta, el perejil y el cebollino. Agregue el marisco y cueza a fuego suave de 2 a 3 minutos.

3 Ponga 2 cucharadas de relleno sobre un cuarto de cada crepe. Dóblelas en 4 para servir.

Vierta la masa hasta cubrir la base de la sartén.

Incorpore el marisco escurrido a la salsa y cuézalo a fuego suave.

Crepes de cebolla tierna con cerdo al estilo chino

TIEMPO DE PREPARACIÓN: 20 minutos
TIEMPO DE COCCIÓN: 10-15 minutos
Para 4 personas

125 g de harina
1 pizca de sal
2 huevos
30 g de mantequilla derretida
250 ml de leche
8 cebollas tiernas de 12 cm cortadas longitudinalmente por la mitad
3 cucharadas de salsa hoisin
500 g de cerdo asado al estilo chino, desmenuzado
7 g de hojas de cilantro

1 Tamice la harina y una pizca de sal en un cuenco y deje un hueco en el centro. Bata los huevos, la mantequilla y la leche en una jarra y viértalos en el hueco de la harina. Bata hasta conseguir una masa homogénea y de consistencia cremosa (para ello puede utilizar un robot).

2 Escalde ligeramente las cebollas en agua hirviendo 2 minutos o hasta que se ablanden un poco; procure que no pierdan su color. Lávelas con agua fría y escúrralas bien.

3 Caliente y engrase ligeramente una sartén para crepes. Vierta la cantidad necesaria de masa para cubrir la base y distribúyala cuidadosamente; retire el exceso de masa y échelo de nuevo en la jarra. Agregue unas pocas cebollas a la masa (esto tiene que hacerse rápidamente o no quedarán bien incorporadas). Deje cocer a temperatura media durante 1 minuto o hasta que se hayan dorado. Dé la vuelta y deje cocer por el otro lado. Pásela a un plato y tápela mientras cuece el resto de la masa.

4 Coloque las crepes sobre una tabla con las cebollas hacia abajo y rellénelas con salsa hoisin, los trozos de cerdo y unas hojas de cilantro. Doble desde la base hacia arriba y los lados formando paquetitos.

Corte las cebollas longitudinalmente y escáldelas.

Ponga las cebollas sobre la masa de crepe cruda en la sartén.

Rellene las crepes y dóblelas bien formando paquetitos.

Medialunas de eneldo y salmón ahumado

TIEMPO DE PREPARACIÓN: 30 minutos
+ 30 minutos de reposo
TIEMPO DE COCCIÓN: 15-20 minutos
Para 64 medialunas

90 g de harina
1 huevo y 1 yema
250 ml de leche
20 g de mantequilla derretida
2 cucharadas de eneldo fresco picado

Para el relleno de salmón:
125 g de crema agria
1 cucharadita de cebolla rallada
1 cucharada de salsa de raiforte
1 cucharada de mayonesa
1 cucharadita de zumo de limón
2 cucharadas de eneldo fresco picado
100 g de salmón ahumado picado

1 Mezcle la harina, el huevo, la yema y la mitad de la leche en el robot 10 segundos. Añada la leche restante, la mantequilla y el eneldo, y siga batiendo hasta obtener una masa homogénea. Eche la masa en una jarra, tápela y déjela reposar 30 minutos.

2 Caliente una sartén para crepes mediana y engrásela con mantequilla derretida. Vierta 60 ml de masa en la sartén y distribúyala hasta cubrir la base con una capa fina (añada un poco más de leche a la masa si está demasiado espesa). Retire el exceso y viértalo de nuevo en la jarra. Deje cocer la crepe durante 30 segundos, déle la vuelta y cuézala hasta que esté ligeramente dorada. Retírela a un plato y tápela con un paño mientras cuece el resto de la masa.

3 Para el relleno de salmón: mezcle la crema agria, la cebolla, el raiforte, la mayonesa, el zumo de limón y el eneldo y condimente con pimienta negra al gusto. Incorpore el salmón. Unte cada crepe con una cucharada colmada de relleno y córtelas en 8 triángulos. Enrolle los triángulos en forma de medialuna, empezando desde el lado más ancho. Tápelos y métalos en el frigorífico hasta que se vayan a servir.

Añada la leche, la mantequilla derretida y el eneldo al robot.

Mezcle todos los ingredientes para el relleno de salmón.

A partir del lado más ancho, enrolle cada triángulo.

Limosneras de pollo al curry

TIEMPO DE PREPARACIÓN: 30 minutos
+ 30 minutos de reposo
TIEMPO DE COCCIÓN: 1 hora
Para 10 crepes

125 g de harina
1 huevo y 1 yema
315 ml de leche
50 g de mantequilla derretida
60 g de queso cheddar o gruyère rallado

Para el relleno de pollo:
1 pechuga de pollo grande cocida
60 g de mantequilla
1 cebolla roja cortada
1-2 cucharaditas de curry en polvo
2 cucharadas de harina
315 ml de leche
60 ml de crema de leche
15 g de perejil fresco picado
2 huevos cocidos picados

1 Mezcle la harina, el huevo y la yema y la mitad de la leche en el robot durante 10 segundos. Añada la leche restante y 1 cucharada de mantequilla derretida y siga batiendo hasta obtener una masa homogénea. Pásela a una jarra, tápela y deje que repose.

2 Para el relleno de pollo: corte el pollo cocido en dados pequeños. Derrita la mantequilla en una sartén, añada la cebolla y fríala a temperatura media hasta que se ablande. Incorpore el curry en polvo y la harina y fría de 1 a 2 minutos. Vierta gradualmente la leche y remueva hasta que quede sin grumos. Deje cocer de 2 a 3 minutos o hasta que la salsa rompa a hervir y esté espesa. Retírela del fuego y añada la crema, el pollo, el perejil y el huevo. Tape y reserve.

3 Caliente una sartén pequeña para crepes y engrásela ligeramente con mantequilla derretida. Vierta 60 ml de masa en la sartén y distribúyala hasta cubrir la base. Eche el exceso de nuevo a la jarra y añada un poco más de leche a la masa si está muy espesa. Deje cocer 30 segundos, dé la vuelta a la crepe y déjela cocer hasta que esté ligeramente dorada. Retírela a un plato mientras cuece el resto de la masa.

4 Precaliente el horno a 180 °C. Ponga 3 cucharadas de relleno de pollo en el centro de las crepes y recójalas hacia arriba formando una limosnera. Átelas sin apretar con una tira de aluminio, un hilo de cocina o un par de cebollinos. Engrase con mantequilla una fuente refractaria y también cada una de las limosneras y espolvoréelas con un poco de queso. Hornee de 10 a 15 minutos o hasta que estén calientes y doradas.

Retire del fuego y añada la nata, el pollo, el perejil y los huevos.

Ponga 3 cucharadas de relleno de pollo en el centro de cada crepe.

Crepes crujientes de calabacín con salsa de lima

TIEMPO DE PREPARACIÓN: 40 minutos
TIEMPO DE COCCIÓN: 30-40 minutos
Para 4 personas

2 calabacines cortados en tiras finas (utilice un pelapatatas)
60 g de harina
1 pizca de sal
1 diente de ajo picado
2 huevos
1 cucharadita de aceite de sésamo
1 cucharadita de aceite vegetal
185 ml de leche
1 ½ cucharadas de semillas de sésamo tostadas

Para la salsa de yogur y lima:
1 cucharada de zumo de lima
1 cucharada de comino molido
200 ml de yogur griego

1 Escalde las tiras de calabacín en agua hirviendo 2 minutos o hasta que estén blandas, pero que no se deshagan. Escúrralas bien.

2 Tamice la harina y la sal en un cuenco y deje un hueco en el centro. Aparte, bata el ajo, los huevos, los aceites y las semillas de sésamo en una jarra; viértalo en el hueco y mézclelo con los ingredientes sólidos batiendo hasta que la masa quede homogénea. Incorpórele las tiras de calabacín cocidas.

3 Precaliente el horno a 220 °C. Caliente una sartén antiadherente pequeña y engrase ligeramente con aceite. Vierta 60 ml de masa en la sartén y distribúyala con cuidado hasta cubrir la base; con unas pinzas, coloque las tiras de calabacín para que queden bien planas sobre la masa. Cueza a temperatura media 1 minuto, o hasta que la masa esté dorada por abajo. Déle la vuelta y deje cocer el otro lado hasta que esté dorado. Retírela a un plato y tápela mientras cuece el resto de la masa. Corte la masa en triángulos con un cuchillo afilado y póngalos en una placa antiadherente; pincélelos con aceite y hornee 20 minutos o hasta que estén crujientes.

4 Para la salsa de yogur y lima: mezcle el zumo de lima, el comino y el yogur y acompañe con esta salsa.

Corte con cuidado los calabacines en tiras finas.

Con la ayuda de unas tenazas, estire bien las tiras de calabacín en la sartén.

Coloque los triángulos en una bandeja para el horno y pincélelos con aceite.

Crepes de trigo sarraceno rellenos de espinacas y queso

TIEMPO DE PREPARACIÓN: 35 minutos
+ 30 minutos de reposo
TIEMPO DE COCCIÓN: 40-45 minutos
Para unas 10 crepes

130 g de harina de trigo sarraceno
2 huevos
315 ml de leche
30 g de mantequilla derretida

Para el relleno de queso y espinacas:
500 g de espinacas
40 g de mantequilla
1 cebolla roja pequeña picada
1 pimiento rojo pequeño picado
1-2 dientes de ajo picados
2 tiras de beicon cortadas
375 g de queso ricotta fresco
60 ml de crema de leche
½ cucharada de nuez moscada

1 Mezcle la harina de trigo sarraceno con los huevos y la mitad de la leche en el robot 10 segundos. Incorpore la leche restante y la mantequilla y bata hasta obtener una masa homogénea. Eche la mezcla en una jarra, tápela y déjela reposar 30 minutos. Caliente una sartén mediana y engrásela ligeramente con mantequilla derretida. Vierta 60 ml de masa en la sartén y distribúyala hasta cubrir la base con una capa fina. Retire el exceso y échelo de nuevo en la jarra. (Añada un poco más de leche a la masa si está demasiado espesa.) Deje cocer 1 minuto. Déle la vuelta y deje cocer el otro lado hasta que esté ligeramente dorado. Retírela y tápela con un paño mientras cuece el resto.

2 Para el relleno de queso y espinacas: separe las hojas y lávelas con agua fría. Póngalas al fuego en una cacerola grande cubiertas de agua hasta que estén cocidas. Escúrralas, enfríelas y póngalas en un cuenco. Caliente la mitad de la mantequilla en un cazo, añada la cebolla, el pimiento, el ajo y el beicon y fríalos 5 minutos, o hasta que se ablanden. Deje que se enfríen y mezcle con las espinacas, la ricotta, la crema y la nuez moscada, y sazone con pimienta.

Incorpore la leche restante y la mantequilla en el robot de cocina.

Añada el ricotta, la nata, la nuez moscada y la pimienta y remueva bien.

3 Precaliente el horno a 180 °C. Extienda 2 cucharadas colmadas de relleno en cada crepe. Doble las crepes en cuatro. Colóquelas en filas superpuestas en una fuente para el horno engrasada. Pincélelas con la mantequilla derretida restante, tápelas con papel de aluminio y hornee 15 minutos, o hasta que estén calientes.

Limosneras con cerdo *satay*

TIEMPO DE PREPARACIÓN: 40 minutos
TIEMPO DE COCCIÓN: 30-35 minutos
Para 4 personas

Para el relleno de cerdo:
1 cucharadita de aceite de sésamo
1 cucharadita de aceite de cacahuete
1 diente de ajo picado
1 cucharada de jengibre fresco rallado
1 chile rojo pequeño finamente picado
250 g de cerdo picado
230 g de castañas de agua en lata picadas
1 cucharada de mantequilla de cacahuete
1 cucharadita de zumo de lima
1 cucharadita de salsa de pescado
6 cebollinos blanqueados

150 g de harina integral
1 huevo
30 g de mantequilla derretida
375 ml de suero

1 Para el relleno de cerdo: caliente el aceite de sésamo y el de cacahuete en una sartén, añada el ajo, el jengibre y el chile y fría a temperatura media 3 minutos. Añada el cerdo y dórelo a fuego vivo. Añada las castañas de agua, la mantequilla de cacahuete, el zumo de lima y la salsa de pescado y deje cocer 3 minutos, o hasta que la mezcla esté bien caliente. Retire del fuego y deje que se vaya enfriando.

2 Tamice la harina con una pizca de sal en un cuenco. Deje un hueco en el centro. Bata el huevo, la mantequilla y el suero en una jarra y viértalo progresivamente en el hueco mientras bate hasta conseguir una masa homogénea (puede utilizar un robot de cocina).

3 Caliente una sartén para crepes y engrásela ligeramente con mantequilla derretida. Añada 60 ml de masa para cubrir la base de la sartén. Déjela cocer a temperatura media 1 minuto o hasta que se dore. Déle la vuelta y déjela cocer durante 1 minuto más o hasta que se haya dorado. Retírela y tápela mientras cuece el resto de la masa. Vuelva a engrasar la sartén cuando sea necesario.

Mezcle las castañas, el zumo de lima, la salsa de pescado, la mantequilla de cacahuete y la carne.

Vierta la masa en la sartén y distribúyala formando una capa fina.

4 Reparta el relleno entre las crepes y dóblelas hacia arriba formando limosneras. Átelas con un cebollino para que no se abran (no apriete mucho el nudo, pues el cebollino puede romperse). Sirva inmediatamente.

Milhojas de aceitunas con pesto de pimiento

TIEMPO DE PREPARACIÓN: 10 minutos
TIEMPO DE COCCIÓN: 10 minutos
Para 6 personas

125 g de harina
1 huevo
375 ml de leche
200 g de de aceitunas negras a rodajas
1 chile rojo pequeño, picado fino
virutas de parmesano para decorar
2 cucharadas de albahaca picada

Para el pesto de pimiento seco:
200 g de pimientos secos sin semillas
40 g de piñones
2 cucharadas de parmesano recién rallado

1 Tamice la harina en un cuenco grande y deje un hueco en el centro. Bata el huevo y la leche en una jarra y viértalos gradualmente en el centro de la harina mientras bate hasta obtener una masa homogénea. Pase la masa a una jarra e incorpórele las aceitunas y el chile.

2 Caliente una sartén normal o para crepes y engrásela ligeramente con mantequilla derretida. Vierta 80 ml de masa y déjela cocer a temperatura media 1 minuto, o hasta que la crepe se dore. Déle la vuelta y déjela cocer por el otro lado hasta que esté dorada. Retírela y tápela con un paño mientras cuece el resto de la masa.

3 Para el pesto de pimiento seco: mezcle el pimiento seco, los piñones y el parmesano en un robot hasta conseguir una mezcla homogénea.

4 Ponga las crepes con el lado de las aceitunas hacia arriba sobre una tabla. Distribuya tres cuartas partes del pesto de pimiento sobre las crepes, dejando una crepe sin rellenar. Apílelas una sobre otra y encima de todo ponga la crepe al natural. Adorne con el pesto restante, las virutas de parmesano, la albahaca fresca y pimienta negra molida.

Incorpore las aceitunas y el chile a la masa.

Cuando esté dorada por debajo, déle la vuelta y deje cocer por el otro lado.

Bata todos ingredientes del pesto hasta obtener una mezcla homogénea.

Gofres con salsa de chocolate caliente

TIEMPO DE PREPARACIÓN: 20 minutos
TIEMPO DE COCCIÓN: 15-20 minutos
Para 8 gofres

250 g de harina con levadura
1 cucharadita de bicarbonato
2 cucharaditas de azúcar
2 huevos
140 g de mantequilla
440 ml de suero
200 g de chocolate negro troceado
125 ml de crema de leche espesa
1 cucharada de jarabe de melaza o miel

1 Precaliente la parrilla para gofres. Tamice la harina, el bicarbonato, el azúcar y una pizca de sal en un cuenco grande y deje un hueco en el centro. Bata los huevos, 90 g de mantequilla derretida y el suero en una jarra y viértalo gradualmente en el hueco, mientras bate hasta obtener una masa homogénea. Deje reposar la masa durante 10 minutos.

2 Ponga la mantequilla restante, el chocolate, la crema y el jarabe en un cazo y remueva a temperatura baja hasta que la mezcla quede homogénea. Retírela del fuego y manténgala caliente.

3 Engrase la parrilla para gofres con mantequilla derretida. Vierta 125 ml de masa en el centro y extiéndala hacia los lados hasta llegar casi a los extremos.

4 Cierre la tapa y deje cocer el gofre 2 minutos o hasta que esté dorado y crujiente. Manténgalo caliente mientras cuece el resto de la masa. Sírvalos con helado de vainilla y con la salsa de chocolate caliente.

Mezcle la mantequilla restante, el chocolate, la crema y el jarabe.

Vierta media taza de la masa en la parrilla para gofres precalentada.

Deje cocer el gofre 2 minutos o hasta que esté dorado y crujiente.

Gofres de avena y plátano con yogur y miel

TIEMPO DE PREPARACIÓN: 20 minutos

TIEMPO DE COCCIÓN: 25 minutos

Para 5 gofres

250 g de yogur natural
60 ml de zumo de naranja
2 cucharadas de miel
1 cucharadita de ralladura de limón
½ cucharadita de jengibre fresco rallado
75 g de copos de avena
85 g de harina
1 cucharadita de levadura
½ cucharadita de bicarbonato
2 huevos
185 ml de leche
2 cucharadas de aceite
1 cucharadita de esencia de vainilla
1 plátano maduro, aplastado

1 Mezcle el yogur, el zumo de naranja, la miel, la ralladura de limón y el jengibre en un cuenco. Tápelo y resérvelo en el frigorífico.

2 Precaliente la parrilla para gofres. Mezcle los copos de avena, la harina, la levadura y el bicarbonato en un cuenco y deje un hueco en el centro. Bata los huevos, la leche, el aceite y la vainilla en una jarra; añada el plátano y bátalo hasta que todo esté mezclado. Vierta la mezcla en el centro de la harina mientras bate hasta obtener una masa homogénea.

3 Engrase la parrilla para gofres con mantequilla derretida. Vierta 125 ml de masa en el centro de la parrilla y extiéndala hacia los lados hasta llegar casi al extremo de la parrilla. Deje cocer durante 4-5 minutos o hasta que el gofre esté dorado y crujiente. Manténgalo caliente mientras cuece el resto de la masa. Sirva los gofres calientes con la salsa de yogur y miel, y adórnelos con plátano.

Añada el plátano y mézclelo con los huevos, la leche, el aceite y la vainilla.

Vierta la mezcla de plátano en el centro de la harina y bata.

Vierta media taza colmada de masa en el centro de la parrilla para gofres.

Gofres de frutas del bosque

TIEMPO DE PREPARACIÓN: 30 minutos
TIEMPO DE COCCIÓN: 20 minutos
Para 4 personas

185 g de harina con levadura
2 huevos
2 cucharadas de azúcar
30 g de mantequilla derretida
125 g de queso ricotta fresco
250 ml de leche
500 g de frutas del bosque variadas

Para la mantequilla de fresas:
250 g de mantequilla ablandada
60 g de azúcar lustre
200 g de fresas sin el pedúnculo

1 Precaliente la parrilla para gofres. Tamice la harina en un cuenco y deje un hueco en el centro. Bata los huevos, el azúcar, la mantequilla derretida, la ricotta y la leche en una jarra y vierta la mezcla gradualmente en el centro de la harina mientras sigue batiendo hasta obtener una masa homogénea.

2 Pincele con la mantequilla derretida ambos lados de la parrilla para gofres. Vierta 125 ml de masa en el centro y extiéndala hacia los lados hasta llegar casi al extremo de la parrilla. Ciérrela y deje cocer durante 5 minutos o hasta que el gofre esté crujiente y dorado. Manténgalo caliente mientras cuece el resto de la masa.

3 Para la mantequilla de fresas: bata la mantequilla y el azúcar lustre hasta conseguir una mezcla ligera y cremosa. Triture las fresas con el robot. Añádalas a la mezcla cremosa y bátalo todo. Coloque los gofres en un plato, ponga un poco de mantequilla de fresas encima y sírvalos con las frutas variadas.

Bata los huevos, el azúcar, la mantequilla, la ricotta y la leche.

Vierta el líquido en el centro de los ingredientes sólidos.

Bata el puré de fresas y la mezcla de mantequilla.

Gofres de suero con ruibarbo y crema de canela

TIEMPO DE PREPARACIÓN: 25 minutos
TIEMPO DE COCCIÓN: 30 minutos
Para 4 personas

1 manojo de ruibarbo picado
125 g de azúcar blanquilla
150 g de harina integral con levadura
125 g de harina
2 cucharaditas de levadura
3 cucharadas de azúcar moreno blando
2 huevos
100 g de mantequilla derretida
400 ml de suero
1 cucharada de ralladura de naranja

Para la crema de canela:
300 ml de crema de leche espesa
1 cucharadita de esencia de vainilla
1 cucharadita de canela molida

1 Ponga el ruibarbo, el azúcar y 125 ml de agua en una cacerola y remueva a fuego lento hasta que el azúcar se haya disuelto. Hierva, baje el fuego y deje cocer a fuego lento de 7 a 10 minutos, o hasta que el ruibarbo esté muy blando y empiece a deshacerse.

2 Precaliente la parrilla para gofres. Tamice las distintas harinas y la levadura en un cuenco quitando las impurezas. Incorpore el azúcar moreno y deje un hueco en el centro. Mezcle los huevos, la mantequilla, el suero y la ralladura de naranja y viértalos en el centro mientras bate hasta obtener una masa homogénea. (Añada un poco de leche si la masa está demasiado espesa.)

3 Engrase ambos lados de la parrilla para gofres con mantequilla derretida. Eche 125 ml de masa en el centro y extiéndala hacia los lados hasta llegar casi al extremo de la parrilla. Cierre y deje cocer de 3 a 5 minutos, o hasta que el gofre esté crujiente y dorado. Manténgalo caliente mientras cuece el resto de la masa.

4 Para la crema: bata la crema, la esencia de vainilla y la canela y sírvala con los gofres y el ruibarbo.

Deje cocer el ruibarbo a fuego lento hasta que empiece a deshacerse.

Vierta la mezcla de suero en el centro de los ingredientes sólidos.

Deje cocer el gofre de 3 a 5 minutos o hasta que esté crujiente y dorado.

Gofres de macadamia con plátanos al caramelo

TIEMPO DE PREPARACIÓN: 35 minutos
TIEMPO DE COCCIÓN: 30 minutos
Para 4 personas

250 g de harina
2 cucharaditas de levadura
125 g de nueces de macadamia, tostadas y picadas
50 g de azúcar moreno blando
2 huevos
1 cucharadita de esencia de vainilla
440 ml de leche de soja
50 g de mantequilla derretida
150 ml de crema de leche espesa

Para los plátanos al caramelo:
50 g de mantequilla
95 g de azúcar moreno blando
1 cucharada de brandy
300 ml de crema de leche espesa
4 plátanos cortados por la mitad longitudinalmente

1 Precaliente la parrilla para gofres. Tamice la harina y la levadura en un cuenco, añada las nueces de macadamia y el azúcar moreno y deje un hueco en el centro. Bata los huevos, la esencia de vainilla, la leche de soja y la mantequilla en una jarra y vierta la mezcla en el centro de la harina mientras bate hasta que la masa quede homogénea.

2 Engrase la parrilla caliente con mantequilla. Vierta 125 ml de masa en el centro y extiéndala hacia los lados hasta llegar casi a los extremos. Cierre la parrilla y cueza durante 4 minutos, o hasta que el gofre esté bien dorado y crujiente. Retírelo y prepare el resto de la masa.

3 Para los plátanos al caramelo: derrita la mantequilla en una sartén, incorpore el azúcar moreno y remueva 3 minutos o hasta que el azúcar se haya disuelto. Añada el brandy y la crema y siga removiendo. Cuando hierva, baje el fuego y cueza 3 minutos. Añada los plátanos y cuézalos 2 minutos.

4 Corte los gofres en porciones y sírvalos con la crema de leche y los plátanos al caramelo.

Bata los huevos, la esencia de vainilla, la leche de soja y la mantequilla.

Engrase los dos lados de la parrilla para gofres con mantequilla derretida.

Añada poco a poco los plátanos a la salsa de caramelo caliente.

Gofres de pan de jengibre

TIEMPO DE PREPARACIÓN: 20 minutos
TIEMPO DE COCCIÓN: 35 minutos
Para 8 gofres

125 g de mantequilla
125 g de azúcar
2 huevos
175 g de melaza
250 g de harina
1 cucharadita de canela molida
½ cucharadita de nuez moscada molida
1 ½ cucharaditas de jengibre molido
½ cucharadita de clavo molido
1 ½ cucharaditas de bicarbonato
½ cucharadita de sal
125 ml de agua hirviendo
jarabe de arce o miel para servir

1 Precaliente la parrilla para gofres. Bata la mantequilla y el azúcar en un cuenco pequeño hasta que la mezcla esté suave y cremosa. Vaya incorporando y batiendo los huevos de uno en uno. Añada la melaza y bata hasta que todo esté bien mezclado. Pase la mezcla a un cuenco grande. Tamice la harina, la canela, la nuez moscada, el jengibre, el clavo, el bicarbonato y la sal e incorpórelos alternándolos con el agua.

2 Engrase ambos lados de la parrilla precalentada con mantequilla derretida. Vierta 125 ml de masa en el centro y extiéndala hacia los lados hasta llegar casi a los extremos. Deje cocer hasta que el gofre esté dorado y crujiente (de 4 a 5 minutos aproximadamente). Retírelo y manténgalo caliente mientras cuece el resto de la masa.

3 Es preferible servir los gofres calientes. Rocíelos con jarabe de arce. Puede servirlos con helado y fruta.

Bata a fondo la mantequilla y el azúcar en un cuenco.

Agregue los sólidos tamizados, alternándolos con el agua.

Engrase ambos lados de la parrilla para gofres con mantequilla derretida.

Gofres de moca con almíbar de café expreso

TIEMPO DE PREPARACIÓN: 30 minutos
TIEMPO DE COCCIÓN: 30-40 minutos
Para 8 gofres

Para el almíbar de café expreso:
185 g de azúcar blanquilla
125 ml de café expreso
60 ml de crema de leche espesa

250 g de harina
2 cucharadas de cacao en polvo
2 cucharaditas de levadura
½ cucharadita de sal
315 ml de leche
1 cucharada de café instantáneo
125 g de azúcar blanquilla
3 huevos
60 g de mantequilla derretida

1 Para el almíbar de café expreso: ponga el azúcar, el café, la crema y 3 cucharadas de agua en un cazo pequeño. Deje que rompa a hervir, baje el fuego y cueza de 4 a 5 minutos. Retírelo y déjelo enfriar.

2 Precaliente la parrilla para gofres. Tamice la harina, el cacao, la levadura y la sal en un cuenco grande. Añada la leche, el café instantáneo, el azúcar, las yemas de huevo y la mantequilla y bátalo todo hasta obtener una masa homogénea. En otro cuenco, limpio y seco, bata las claras a punto de nieve. Añada una cucharada de claras a la masa y remueva y, a continuación, incorpore poco a poco el resto de las claras.

3 Pincele la parrilla para gofres con mantequilla derretida. Vierta 125 ml de masa en el centro y extiéndala hacia los lados hasta llegar casi al extremo. Deje cocer de 4 a 5 minutos o hasta que esté crujiente y dorado. Manténgalo caliente mientras cuece el resto de la masa. Eche unas cucharadas de almíbar de café sobre los gofres. Quedan deliciosos si se sirven con crema recién montada y virutas de chocolate y espolvorea un poco de cacao en polvo por encima.

Mezcle el azúcar, el café expreso, la crema y el agua en un cazo.

Bata la leche, el café, el azúcar, las yemas y la mantequilla con los sólidos.

Extienda la masa hacia los lados hasta llegar casi a los extremos.

Gofres de crema agria con mantequilla de avellanas

TIEMPO DE PREPARACIÓN: 35 minutos
TIEMPO DE COCCIÓN: 20 minutos
Para 4 gofres

Para la mantequilla de avellanas:
125 g de mantequilla ablandada
60 g de avellanas tostadas, peladas

250 g de harina
1 cucharadita de levadura
2 cucharadas de azúcar blanquilla
3 huevos (yemas y claras separadas)
375 g de crema agria
250 ml de leche
1 cucharadita de esencia de vainilla
60 g de mantequilla derretida
300 g de frambuesas frescas para servir

1 Para la mantequilla de avellanas: mezcle la mantequilla y las avellanas en el robot hasta que la mezcla esté homogénea. Ponga la mantequilla en un trozo de papel de aluminio, déle forma cilíndrica con la ayuda del papel y retuerza los extremos. Métala en el frigorífico hasta que esté dura. Para servirla, desenvuélvala y córtela en rodajas finas.

2 Precaliente la parrilla para gofres. Tamice la harina y la levadura en un cuenco; añada el azúcar y deje un hueco en el centro. Bata las yemas, la crema agria, la leche, la vainilla y la mantequilla en una jarra y viértalo todo gradualmente en el centro de la harina, mientras bate hasta que la masa quede homogénea.

3 Bata las claras a punto de nieve en un cuenco con la batidora. Mezcle una cucharada de las claras con la masa y, a continuación, incorpore poco a poco el resto de las claras.

4 Engrase ambos lados de la parrilla para gofres. Vierta 125 ml de masa en el centro y extiéndala hacia los lados hasta llegar casi a los extremos. Cierre la tapa y deje cocer de 2 a 3 minutos o hasta que esté dorado. Retire el gofre de la sartén y manténgalo caliente mientras cuece el resto. Sírvalos con la mantequilla de avellanas y con frambuesas.

Bata las avellanas y la mantequilla en el robot.

Envuelva la mantequilla en papel de aluminio formando un cilindro.

Incorpore las claras a punto de nieve a la masa.

Gofres de muesli con compota de frutas

TIEMPO DE PREPARACIÓN: 20 minutos
+ 30 minutos de maceración
TIEMPO DE COCCIÓN: 15-20 minutos
Para 6 personas

Para la compota de frutas:
500 g de fresas, sin el pedúnculo y cuarteadas
1 papaya madura pelada y en dados
2 kiwis duros, pelados y en dados
2 cucharadas de miel
125 g de harina
150 g de harina integral
½ cucharadita de levadura
110 g de muesli natural
3 huevos (yemas y claras separadas)
375 ml de leche
60 g de mantequilla derretida

1 Para la compota de frutas: ponga la fruta en un cuenco grande, rocíela con la miel, tápelo y déjelo reposar a temperatura ambiente 30 minutos.

2 Precaliente la parrilla para gofres. Tamice las harinas y la levadura en un cuenco y retire las impurezas. Añada el muesli y deje un hueco en el centro. Bata las yemas, la leche y la mantequilla en una jarra y vierta la mezcla en el centro de la harina; remueva hasta que la masa esté homogénea. Bata las claras a punto de nieve. Mezcle una cucharada de las claras con la masa y, a continuación, incorpore poco a poco el resto de las mismas.

3 Engrase ambos lados de la parrilla con mantequilla derretida. Vierta 125 ml de masa en el centro y extiéndala hacia los lados hasta llegar casi a los extremos. Deje cocer de 1 a 2 minutos o hasta que el gofre esté dorado y crujiente. Manténgalo caliente mientras cuece el resto. Sírvalo acompañado de la compota de frutas.

Añada el muesli a las harinas tamizadas y la levadura.

Vierta la mezcla de huevo en el centro de la mezcla de harinas.

Incorpore poco a poco las claras batidas.

Gofres de jamón y queso

TIEMPO DE PREPARACIÓN: 20 minutos
TIEMPO DE COCCIÓN: 25-30 minutos
Para 4-5 gofres

250 g de harina
1 cucharada de levadura
1 cucharadita de sal
2 huevos batidos
80 ml de aceite
315 ml de leche
2 cucharaditas de mostaza en grano
60 g de queso cheddar o gruyère rallado
2 cucharadas de perejil picado
80 g de jamón picado

1 Precaliente una parrilla para gofres. Tamice la harina, la levadura y la sal en un cuenco grande y deje un hueco en el centro.

2 Bata los huevos, el aceite, la leche, la mostaza, el queso y el perejil en una jarra. Vierta la mezcla en el centro de la harina y bata hasta que la masa quede homogénea.

3 Engrase ambas superficies de la parrilla para gofres con mantequilla derretida. Vierta 125 ml de masa y extiéndala hacia los lados hasta llegar casi a los extremos de la parrilla. Distribuya por la masa una cucharada de jamón y deje cocer de 4 a 5 minutos o hasta que esté dorada y crujiente. Mantenga el gofre caliente mientras cuece el resto de la masa. Queda delicioso con unas rodajas de tomate por encima.

Bata los huevos, el aceite, la leche, la mostaza, el queso y el perejil.

Vierta la mezcla de huevo en el centro de la harina.

Distribuya el jamón sobre la masa antes de cerrar la tapa.

Gofres de tomates secos y feta con ensalada de roqueta

TIEMPO DE PREPARACIÓN: 35 minutos
TIEMPO DE COCCIÓN: 25 minutos
Para 6 gofres

130 g de harina de trigo sarraceno
125 g de harina
2 ½ cucharaditas de levadura
2 huevos
440 ml de leche
100 g de mantequilla derretida
100 g de tomates secos, picados
125 g de queso feta, desmenuzado

Ensalada de roqueta:
150 g de roqueta
4 huevos duros y cuarteados
50 g de queso parmesano, en virutas
2 cucharadas de vinagre balsámico
2 cucharadas de aceite de oliva

1 Precaliente la parrilla para gofres. Tamice las harinas, la levadura y una pizca de sal en un cuenco y deje un hueco en el centro. Bata los huevos, la leche y la mantequilla en una jarra; viértalos poco a poco en el centro de la harina y remueva hasta obtener una masa homogénea. Añada los tomates y el feta.

2 Engrase ambos lados de la parrilla con mantequilla derretida. Vierta 125 ml de masa en el centro y extiéndala hacia los lados hasta llegar casi a los extremos. Deje cocer durante 4 minutos o hasta que el gofre esté dorado y crujiente. Manténgalo caliente mientras cuece el resto de la masa.

3 Para la ensalada de roqueta: ponga la roqueta, los huevos y el parmesano en un cuenco. Bata el vinagre balsámico y el aceite, aliñe la ensalada y sírvala como acompañamiento de los gofres.

Vierta la mezcla líquida en el centro de la harina.

Añada poco a poco los tomates secos y el feta desmenuzado a la masa.

Deje cocer el gofre unos 4 minutos o hasta que esté dorado y crujiente.

Gofres de parmesano con ricotta y tomates asados

TIEMPO DE PREPARACIÓN: 25 minutos
TIEMPO DE COCCIÓN: 2 horas
Para 6 gofres

12 tomates pera
1 cucharada de aceite de oliva
1 cucharada de vinagre balsámico
500 g de queso ricotta fresco
125 g de crema agria
2 cucharadas de cebollino picado
1 cucharada de menta, 1 de perejil, 1 de albahaca y 1 de tomillo, picados
250 g de harina con levadura
50 g de queso parmesano recién rallado
2 cebollas tiernas picadas
2 huevos (yemas y claras separadas)
185 ml de leche
125 ml de agua
90 g de mantequilla derretida

1 Precaliente el horno a 150 °C. Corte los tomates por la mitad longitudinalmente y colóquelos en una placa para el horno. Hornéelos 45 minutos. Mezcle aceite y vinagre y pincele los tomates con la mezcla. Hornee entre 45 minutos y 1 hora o hasta que estén blandos. Pincélelos con aceite y vinagre 2 o 3 veces más mientras se hornean.

2 Con una cuchara de madera, bata el queso ricotta, la crema, las hierbas y sal y pimienta al gusto en un cuenco.

3 Precaliente la parrilla para gofres. Mezcle la harina, el parmesano y las cebollas en un cuenco y haga un hueco en el centro. Bata las yemas, la leche, el agua y la mantequilla en una jarra y viértalos en el hueco mientras bate hasta obtener una masa homogénea. Bata las claras a punto de nieve con la batidora. Mezcle una cucharada de las claras con la masa y, a continuación, incorpore poco a poco el resto de las claras.

4 Pincele ambas caras de la parrilla con mantequilla derretida. Vierta 125 ml de masa en el centro y extiéndala hacia los lados hasta llegar casi a los extremos. Deje cocer durante 2-3 minutos o hasta que el gofre esté dorado y crujiente. Manténgalo caliente mientras cuece el resto de la masa. Sirva los gofres con los tomates y la mezcla de ricotta.

Pincele los tomates con la mezcla de aceite y vinagre.

Bata el queso ricotta, la crema, las hierbas, sal y pimienta en un cuenco.

Gofres de patata

TIEMPO DE PREPARACIÓN: 25 minutos

TIEMPO DE COCCIÓN: 40 minutos

Para 4 gofres

4 patatas
300 ml de leche
60 g de mantequilla derretida
2 huevos ligeramente batidos
2 cucharadas de cebollino o perejil picado
185 g de harina con levadura
½ cucharadita de sal

1 Ponga a hervir las patatas sin pelar hasta que estén casi cocidas, pero aún firmes. Cuando estén frías, pélelas y rállelas groseramente.

2 Precaliente la parrilla para gofres. Mezcle la patata, la leche, la mantequilla, los huevos y el cebollino o el perejil. Incorpore la harina y la sal y remueva.

3 Pincele ambas caras de la parrilla para gofres con mantequilla derretida. Vierta 250 ml de masa en el centro y extiéndala hacia los lados hasta llegar casi a los extremos de la parrilla. Deje cocer el gofre durante 5 minutos o hasta que esté dorado y crujiente. Manténgalo caliente mientras cuece el resto de la masa. Quedan deliciosos con beicon crujiente, tomates asados y salsa *chutney*.

Deje enfriar las patatas, pélelas y rállelas groseramente.

Mezcle la harina, sal, patatas, leche, mantequilla, huevos y cebollino.

Vierta la masa en el centro de la parrilla para gofres.

Gofres de boniato con aros de manzana frita

TIEMPO DE PREPARACIÓN: 35 minutos
TIEMPO DE COCCIÓN: 30-35 minutos
Para 5 gofres

4 manzanas verdes, peladas
60 g de mantequilla
115 g de azúcar moreno blando, y 1 ½ cucharadas más
¼ cucharadita de canela molida
½ cucharadita de sal
315 ml de leche
60 g de mantequilla derretida
2 huevos
250 g de harina con levadura
185 g de boniato cocido, aplastado
10 tiras de beicon o jamón

1 Descorazone las manzanas y córtelas en aros. Derrita la mantequilla en una cacerola de fondo grueso. Ponga dentro las manzanas, tápelas y déjelas cocer durante 8 minutos a temperatura media. Espolvoréelas con azúcar (reserve 1 ½ cucharada del azúcar) y canela y déjelas cocer de 8 a 10 minutos más.

2 Precaliente la parrilla para gofres. Bata en un cuenco la sal, la leche, la mantequilla y los huevos. Bata el resto del azúcar, la harina y el boniato hasta obtener una masa homogénea.

3 Pincele ambas caras de la parrilla para gofres con mantequilla derretida. Vierta 125 ml de la masa en el centro y extiéndala hacia los lados hasta llegar casi a los extremos de la parrilla. Deje cocer durante 4-5 minutos o hasta que el gofre esté dorado y crujiente. Manténgalo caliente mientras cuece el resto de la masa. Sírvalos calientes acompañados con las manzanas fritas y beicon o jamón frito.

Con el descorazonador, quítele el corazón a las manzanas.

A media cocción, espolvoréelas con azúcar moreno y canela.

Mezcle el azúcar moreno restante con la harina, el boniato y la mezcla de huevo.

Gofres de polenta con mantequilla de pimiento y albahaca

TIEMPO DE PREPARACIÓN: 35 minutos
TIEMPO DE COCCIÓN: 20 minutos
Para 7 gofres

Para la mantequilla de pimiento y albahaca:
125 g de mantequilla ablandada
40 g de pimiento rojo picado
1 cucharada de albahaca fresca picada
1 diente de ajo, picado

250 g de harina
½ cucharadita de levadura
150 g de polenta fina
2 cucharadas de azúcar blanquilla
3 huevos (yemas y claras separadas)
375 ml de suero
60 g de mantequilla derretida

1 Para la mantequilla de pimiento y albahaca: mezcle la mantequilla, el pimiento, la albahaca y el ajo en un robot hasta que la mezcla sea homogénea. Ponga la mantequilla sobre un trozo de papel de aluminio y envuélvala en forma cilíndrica apretando bien las puntas. Métala en el frigorífico hasta que esté dura. Para servir, desenvuélvala y córtela en rodajas.

2 Precaliente la parrilla para gofres. Tamice la harina y la levadura en un cuenco. Añada la polenta y el azúcar y deje un hueco en el centro. Bata las yemas, el suero y la mantequilla derretida en una jarra y vierta la mezcla poco a poco en el centro de la harina, mientras bate hasta obtener una masa homogénea.

3 Bata las claras a punto de nieve con una batidora. Mezcle una cucharada de las claras con la masa y, a continuación, incorpore poco a poco el resto.

4 Pincele ambos lados de la parrilla con mantequilla. Vierta 125 ml de masa en el centro y extiéndala hacia los lados. Cierre y cueza de 1 a 2 minutos o hasta que el gofre esté dorado. Prepare el resto. Sírvalos acompañados con las rodajas de mantequilla de pimiento y albahaca.

Desenrolle la mantequilla cuando esté dura y córtela en rodajas.

Añada la polenta y el azúcar a la harina y la levadura tamizadas.

Incorpore la mezcla de huevo en el centro de los ingredientes sólidos.

Gofres mexicanos

TIEMPO DE PREPARACIÓN: 35 minutos
TIEMPO DE COCCIÓN: 45 minutos
Para 5-6 gofres

2 latas de 425 g de judías arriñonadas escurridas
250 ml de caldo de verduras
2 cebollas, picadas
2 dientes de ajo, picados
3 zanahorias peladas, picadas
2 cucharaditas de semillas de comino
60 ml de salsa de tomate
3 cucharadas de tomate concentrado
2 cucharadas de vinagre de vino tinto
250 g de harina
1 cucharada de levadura
2 huevos
300 ml de leche
80 ml de aceite
2 aguacates a lonchas, queso rallado, crema agria y pimentón dulce para servir

1 Ponga las judías y el caldo en una cacerola y añada la cebolla, el ajo, la zanahoria y el comino. Deje cocer durante 30 minutos o hasta que esté tierno. Vierta la salsa, el tomate concentrado y el vinagre y remueva. Deje cocer durante 15 minutos. Salpimiente y mantenga caliente.

2 Precaliente la parrilla para gofres. Tamice la harina, la levadura y una pizca de sal en un cuenco y deje un hueco en el centro. Bata los huevos, la leche y el aceite en una jarra, viértalos en el centro de la harina y remueva hasta que la masa quede homogénea. Pincele ambos lados de la parrilla para gofres con mantequilla derretida. Vierta 125 ml de masa en el centro de la sartén y extiéndala hacia los lados hasta llegar casi a los extremos. Deje cocer durante 5 minutos o hasta que el gofre esté crujiente. Retire el gofre de la sartén y manténgalo caliente mientras cuece el resto de la masa.

3 Extienda la mezcla de judías sobre los gofres, ponga un poco de aguacate encima y espolvoree con queso. Póngalo bajo del grill hasta que el queso se derrita. Adorne con crema agria y espolvoree con pimentón dulce.

Incorpore la salsa, el tomate concentrado y el vinagre a las judías.

Añada la mezcla de huevo a los ingredientes sólidos y mezcle bien.

Vierta la masa en la parrilla caliente y extiéndala hacia los lados.

Gofres de maíz con salsa de tomate

TIEMPO DE PREPARACIÓN: 30 minutos
TIEMPO DE COCCIÓN: 20 minutos
Para 6 gofres

Para la salsa de tomate:
4 tomates, picados
15 g de hojas de cilantro
1 cebolla roja pequeña, picada
2 cebollas tiernas, picadas
1 cucharada de vinagre de vino tinto
½-1 chile jalapeño, picado y sin semillas
½ cucharadita de azúcar

250 g de harina
1 cucharada de levadura en polvo
1 cucharadita de sal
2 huevos
315 ml de leche
60 ml de aceite
410 g de maíz dulce en conserva, escurrido
2 cucharadas de perejil o cebollinos, picados
25 g de parmesano, rallado

1 Para la salsa de tomate, ponga el tomate, las hojas de cilantro, la cebolla, la cebolla tierna, el vinagre, el chile y el azúcar en un robot de cocina y píquelos groseramente. Ponga la mezcla en un cuenco, salpimiente al gusto y tápela.

2 Precaliente la parrilla para gofres. Tamice la harina, la levadura y la sal en un cuenco y deje un hueco en el centro. Bata los huevos, la leche y el aceite en una jarra; viértalos en el centro de la harina y remueva hasta que la masa quede homogénea. Incorpore el maíz, el perejil o los cebollinos y el parmesano.

3 Pincele ambos lados de la parrilla para gofres con mantequilla derretida. Vierta 125 ml de masa de maíz en el centro de la sartén y extiéndala hacia los lados hasta llegar casi a los extremos de la parrilla. Deje cocer de 3 a 4 minutos o hasta que el gofre esté crujiente y dorado. Manténgalo caliente mientras cuece el resto de la masa. Sirva los gofres calientes con un poco de la salsa de tomate.

Utilice guantes de goma al cortar el chile y retirar las semillas.

Mezcle todos los ingredientes para la salsa en el robot.

Incorpore el maíz, las hierbas y el parmesano a la masa.

BLUME

Título original:
Waffles & Crepes

Traducción:
Almudena Frutos Velasco

Revisión y adaptación de la edición en lengua española:
Ana María Pérez Martínez
Especialista en temas culinarios

Coordinación de la edición en lengua española:
Cristina Rodríguez Fischer

Primera edición en lengua española 2006

© 2006 Naturart, S.A. Editado por Blume
Av. Mare de Déu de Lorda, 20
08034 Barcelona
Tel. 93 205 40 00 Fax 93 205 14 41
E-mail: info@blume.net
© 2006 Murdoch Books, Sídney (Australia)

I.S.B.N.: 84-8076-632-8

Impreso en China

Todos los derechos reservados. Queda prohibida
la reproducción total o parcial de esta obra,
sea por medios mecánicos o electrónicos,
sin la debida autorización por escrito del editor.

CONSULTE EL CATÁLOGO DE PUBLICACIONES *ON-LINE*
INTERNET: HTTP://WWW.BLUME.NET